Fondamenti di architetture e s

Cluster, Grid, Cloud

Luciano Manelli

Note sull'autore

Luciano Manelli è nato nel 1975 a Taranto. Si è laureato in Ingegneria Elettronica al Politecnico di Bari ed ha prestato servizio quale Ufficiale di Complemento presso la Marina Militare. Ha conseguito il Dottorato di Ricerca in Informatica presso il Dipartimento di Informatica dell'Università degli Studi di Bari Aldo Moro ed è stato docente a contratto presso il Politecnico di Bari - Dipartimento di Ingegneria Gestionale per il corso di Fondamenti di Informatica e presso l'Università degli Studi di Bari Aldo Moro - Dipartimento di Informatica per il corso di Programmazione per il Web. Durante il dottorato ha approfondito lo studio sul Grid Computing redigendo pubblicazioni internazionali. Professionista certificato, dopo aver lavorato 13 anni per InfoCamere S.C.p.A., dal 2014 è impiegato presso l'Autorità Portuale di Taranto.

Contatti dell'autore:

fondamentiinformaticamoderna@gmail.com

it.linkedin.com/in/lucianomanelli

Prefazione

Il presente testo è estrapolato dal libro universitario dell'autore. Il libro nasce da una quindicennale esperienza lavorativa sui sistemi informativi e da esperienze di docenza in corsi universitari e professionali e pertanto si rivolge principalmente al pubblico degli studenti, ma anche a quello dei professionisti quale punto di partenza per chi si addentra nell'ambito dell'informatica e dei sistemi informativi per la prima volta. Con questa ed altre versioni ridotte, l'autore si propone di approfondire alcuni ambiti specifici, che risultino di supporto alla preparazione di esami universitari o di certificazioni, ovvero di introduzione a particolari aspetti dell'informatica e dei sistemi informativi.

Nella seguente dissertazione sono affrontati i concetti principali e basilari delle attuali architetture distribuite in ottica di servizi, introducendo Internet e le reti, approfondendo quindi i Cluster e passando poi al Grid e agli attualissimi sistemi Cloud.

Ho sempre pensato e sostenuto che i sogni debbano essere conquistati e spero che la lettura e lo studio del presente testo vada oltre al suo scopo strettamente didattico aprendo prospettive su una realtà in continua evoluzione.

Luciano Manelli, "Fondamenti di Informatica Moderna", ARACNE, 2014.

1. Indice

2. Internet, web 2.0, HTML5

Da un punto di vista strutturale e strettamente informatico è possibile modellare la rete internet almeno secondo due grafi: il primo è legato all'albero dei nomi di dominio (DNS - Domain Name System) e il secondo al grafo del web. Infatti, nel primo caso i nomi di dominio sono definiti dall' ICANN (Internet Corporation for Assigned Names and Numbers), che genera l'identificatore delle macchine (logiche o fisiche) su cui si trovano le risorse web. Ad esempio per il portale http://www.google.it/, il ".it" identifica la nazione di appartenenza, mentre google.it individua il nome del dominio. L'ultimo nome di ogni dominio, in genere, identifica il tipo di organizzazione in cui risiede lo host o il paese in cui si trova, ad esempio:

- *google.it* si trova in Italia;
- *sun.com* è un'organizzazione commerciale;
- *w3c.org* è un'organizzazione non governativa;
- *sourceforge.net* è un network.

Nel secondo caso, il grafo del web rappresenta l'insieme di tutte le risorse accessibili sul Web, dove ogni risorsa può essere considerata un nodo del grafo e i link che da una risorsa permettono

3

di passare a un'altra possono essere considerati gli archi del grafo. Quest'ultimo è un grafo con elevata dinamicità, in quanto continuamente sono aggiunte nuove risorse e, contemporaneamente, vecchie risorse vengono eliminate, stabilendo nuovi archi. In tali circostanze risulta spesso anche complicato censire le risorse o definire algoritmi efficaci ed efficienti per l'attraversamento del grafo stesso.

Il Web rappresenta un insieme di risorse fisicamente sparse nel mondo accessibili attraverso un particolare sistema di indirizzamento (ad es. URI), mediante opportuni protocolli (ad es. HTTP), sfruttando opportuni linguaggi (ad es. XHTML). Dal punto di vista di un utente Internet può quindi essere anche percepita come un insieme di nodi (ognuno con un nome differente). In particolare, per un computer i nodi sono identificati da un IP (interenet protocol address), ovvero da un indirizzo numerico. Lo scambio di informazioni sul Web avviene tramite il modello client-server: il client richiede un servizio e il server lo fornisce al client. L'utente specifica la URL che identifica la risorsa cercata. Il browser (web client) attraverso il protocollo HTTP invia una richiesta al web server. Lo HTTP (HyperText Transfer Protocol) è il protocollo usato per le comunicazioni sul web e prevede due fasi diverse (request e response), che a loro volta comprendono due parti (header e body). Il server, quindi, elabora la richiesta e sempre attraverso il protocollo HTTP, invia la risposta al browser. La risposta è in forma di file scritto in linguaggio interpretabile dal browser, che legge il file e mostra il risultato dell'elaborazione all'utente.

L'evoluzione di internet ha portato anche allo sviluppo di sistemi informativi basati sull'infrastruttura esistente atti a migliorare la comunicazione tra gli utenti (quali i social network), che ha generato quella rivoluzione informatica che prende il nome di web 2.0 legato allo HTML 5.0.

Internet nasce da un progetto militare americano e nel 1969 vengono collegati i primi computer in rete tra quattro università americane. L'evoluzione tecnologica e la conseguente riduzione di costi ha portato allo sviluppo mondiale di tale tecnologia permettendo a sempre più persone di poter accedere alla "rete". Le tecnologie più recenti hanno creato una nuova tipologia di reti che permettono la convergenza di diversi multimedia con differenti strumenti: sono in grado di trasferire voce, video e dati sullo stesso canale di comunicazione, facendo una chiamata telefonica, o su internet seguendo programmi televisivi sul computer fino ad effettuare ricerche in internet utilizzando un televisore. L'uso di internet consente comunicazioni rapide (come le e-mail e la messaggistica istantanea) e una connessione condivisa accedendo a servizi quali la condivisione di file audio e video, la ricerca o l'acquisto di beni e servizi di ogni tipo. Su internet esistono diverse tipologie di siti: dai portali, ai siti informativi, ai blog, ai siti di acquisti online, ai wiki, ai social network, alle web application per le applicazioni di business.

Il World Wide Web (WWW) rappresenta lo spazio di internet destinato allo sviluppo e all'utilizzo di applicazioni web e alla pubblicazione di contenuti multimediali. Un documento elettronico sul web è chiamato pagina web e può contenere testo, grafica, animazione, audio, e video e segue alcune regole legate a standard quali HTML/XHTML (linguaggio con cui sono scritte le pagine web), HTTP (protocollo di rete atto alla trasmissione) e URL (per identificare univocamente, rintracciare e recuperare le pagine). In particolare, il web è basato sull'utilizzo di linguaggi di marcatura, quali lo Hypertext Markup Language (HTML) e lo eXtensible HyperText Markup Language (XHTML), linguaggi standard che permettono la creazione delle pagine attraverso l'uso con opportuni marcatori che descrivono il contenuto delle entità presenti nella pagina web. Il World Wide Web Consortium (W3C) definisce gli standard del web in continuo sviluppo.

Un browser web è un software applicativo che permette agli utenti di accedere e visualizzare i documenti sulla rete: i più diffusi per i personal computer sono Internet Explorer, Firefox, Opera, Safari e Google Chrome. Una pagina web può contenere testo, immagini, filmati e link (collegamenti ipertestuale quale abbreviazione di hyperlink: collegamenti ad altre pagine web). Una pagina web ha un indirizzo unico, chiamato URL (Uniform Resource Locator) che viene digitato sulla barra degli indirizzi del browser e permette lo scaricamento della pagina dal relativo web server (computer che contiene le pagine da visualizzare) cui ci si connette: il downloading (scaricamento) della pagina è il processo che consente a un computer o a un dispositivo di ricevere informazioni e il tempo di scaricamento dipende dalla velocità della connessione internet disponibile e della quantità di oggetti multimediali (quali foto e video) coinvolti.

Una pagina web è definita da un indirizzo, ad esempio:

www.google.it

Essendo presenti molteplici risorse, esistono molteplici formati per gli URL. Lo schema generale è definito da "scheme:object-address", dove *scheme* è il protocollo di comunicazione (ad es. http, ftp, file, ecc.). L' "object-address" dipende dallo *scheme* e per http l'object-address è della forma *//fqdn /resource-path*, dove *fqdn* è il "fully-qualified-domain-name", ovvero il nome univoco di un dominio identificabile nell'albero del DNS e *resource-path* indica il cammino per il documento ricercato (così come avviene nel file system). Inoltre, l'URL solitamente è una stringa alfanumerica in cui non compaiono i caratteri speciali come "," o spazi, e, nel caso in cui tali caratteri fossero presenti, è necessario usare il simbolo % seguito dal codice ASCII in esadecimale del carattere (ad es. la stringa "Programmazione per il Web" diventa "Programmazione%20per%20il%20Web").

L'*hostname* è il nome di un computer che fornisce l'accesso a un documento. I messaggi indirizzati ad una macchina *host* devono essere diretti ad un apposito processo dello *host* stesso: ogni processo viene identificato da un *port number*. La porta di default dei siti internet è la porta 80. Se il server dovesse essere stato configurato per usare un'altra porta *p* (ad es. 8080, porta di default di Tomcat), questa deve essere specificata facendo seguire alla URL la stringa *:p* (o eventualmente mappata su un web server quale Apache, che ridireziona alla porta di riferimento).

Per un computer, come già indicato, i nodi non sono identificati da un indirizzo testuale, ma da un indirizzo numerico IP (Internet Protocol Address) della macchina connessa ad Internet che contiene quella pagina, nel caso *google.it*:

149.3.176.22

Lo IP è sempre un numero a 32 bit, espresso come 4 numeri a 8 bit, separati dal simbolo ".".

Il MIME (Multipurpose Internet Mail Extensions) esprime la tipologia dei documenti che un browser può ricevere da un server web (ad es. testo, immagine, ecc.). Le specifiche MIME hanno la forma type/subtype.

In ultimo, un motore di ricerca è un'applicazione web che permette di trovare siti, immagini, video, news, mappe, in genere informazioni relative a una specifica materia. È sufficiente immettere una parola o frase (*keyword*) che descrive l'argomento da ricercare per poter iniziare la ricerca sui contenuti indicizzati dal motore di ricerca.

Il "web 2.0" è un termine usato per indicare un livello di evoluzione del World Wide Web rispetto al primo sistema di pubblicazione su web (detto anche web statico o web 1.0 e basato solo sulla navigazione ipertestuale, con l'eventuale integrazione di mail e motori di ricerca). Gli utenti interagiscono e collaborano tra loro in qualità di creatori di dialogo a differenza dei siti web 1.0 dove gli utenti sono limitati alla visione passiva di contenuti. Il web 2.0 rappresenta quindi un "attitudine" più che un set di tecnologie, ovvero un insieme di tendenze economiche e sociali legate all'accesso ormai mondiale alla rete (anche in mobilità) e alle nuove evoluzioni dell'uso del web (ad esempio per il commercio elettronico si consideri l'incremento di uso di Ebay o Amazon per gli acquisti), oltre comunque ad individuare l'insieme di tecniche di programmazione e ambienti di sviluppo software atti ad inglobare ed esaltare quell'insieme di applicazioni che mettono l'utente al centro del www, quali i blog, i forum e le chat permettendo la condivisione e l'integrazione di media quali flickr, youtube e vimeo e piattaforme di social network quali facebook, twitter, google+, e linkedin. Questa evoluzione ha portato quindi allo sviluppo di software che invogli un numero sempre maggiore di persone ad usarlo, condividendo e pubblicando ad esempio opinioni e foto e mettendo anche spesso criticamente in gioco la propria vita personale, portando sulla rete una gran quantità di dati da gestire anche a livello di sicurezza e privacy, ma anche aumentando il livello di visibilità delle imprese e creando nuove opportunità di business, migliorando l'uso delle applicazioni e aumentando il consenso e la soddisfazione dell'utente finale.

A livello tecnologico le applicazioni sono sempre accedute attraverso un browser, ma l'uso spinto di linguaggi per il web quali JavaScript (Ajax) e la standardizzazione per l'interoperabilità (XML) le rendono più facilmente fruibili ed "accattivanti", il che si ripercuote anche a livello sociale con un'impostazione grafica moderna, che permette all'utente un utilizzo immediato senza essere necessariamente un tecnico (e senza dover leggere "grossi" manuali), con una dimensione espressiva e comunicativa che permette di generare nuovi contenuti o di ritrovarli attraverso semplici ricerche integrate (si pensi ai "tag" per le foto). Il web 2.0 lavora con gli RSS (Really Simple Syndication) o con gli Atom (Atom Syndication Format), che permettono agli utenti di ottenere aggiornamenti automatici non appena un sito cambia, evitando di controllarlo ogni volta per avere le ultime informazioni. È sufficiente iscriversi al feed del sito e, non appena il contenuto di tale sito cambia, automaticamente viene aggiornato il relativo aggregatore. La tecnologia REST (REpresentational State Transfer) introduce nuovi vincoli e costruzioni da applicare al di sopra della tecnologia web services per semplificare le interazioni e le composizioni tra servizi influenzando l'architettura dove possibile. I web widget (software semplici ed indipendenti installabili in un portale web) con la loro interfaccia user-friendly ed accattivante hanno amplificato la tecnica del riuso nella costruzione di nuovi servizi, elevando il valore dei portali in cui sono implementati. Inoltre la diffusione di open API (application programming interface) fornisce l'accesso gratuito ad ampi database informativi proprietari che possono essere riutilizzati per creare nuove visioni del web e nuovi mercati, creando nuove applicazioni o migliorando quelle preesistenti.

Il web, con questa nuova visione, diventa, in conclusione, una piattaforma di sviluppo e di collaborazione autoconsistente, passando da una piattaforma di business, a una di marketing, a una di comunicazione o di sviluppo per i nuovi media a seconda dell'ambito sociale a cui si fa riferimento.

In ultimo l'evoluzione porta al concetto di web 3.0, basato sul web semantico (ovvero sul significato e sulla comprensione dei dati) e sulla ricerca intelligente tra gli aspetti più noti, con l'obiettivo di sfruttare al meglio quelle tecnologie che sono basate sull'intelligenza artificiale, per rendere l'interazione con il web sempre più vicina all'uomo.

Lo HTML5 rappresenta l'ultima versione del linguaggio di markup per il web, e definisce anche un nuovo standard per lo sviluppo di applicazioni web. Le recenti versioni di HTML e XHTML sono basate sul linguaggio di markup per documenti, mentre HTML5 nasce come linguaggio di sviluppo di applicazioni web. Infatti, HTML5 definisce nuovi elementi per sviluppare *Rich Internet Applications*, oltre a presentare una serie di API JavaScript native per i browser.

Tra gli elementi più importati c'è il tag <video>, che fornisce un mezzo di riproduzione per contenuti multimediali nativo del browser senza richiedere plugin aggiuntivi. Inoltre HTML5 fornisce l'elemento *Media Interface*, che controlla la riproduzione dei video con JavaScript, ovvero crea giochi e aiuta lo sviluppo applicativo.

Il futuro del web si basa di conseguenza sulla stretta interazione tra linguaggio di markup, programmazione Javascript ed evoluzione e standardizzazione dei browser.

3. Reti

L'evoluzione delle ICT ha rappresentato una rivoluzione per aziende e persone e oramai l'acquisto di un computer, di un tablet o di un cellulare è legato all'acceso su internet, la "rete", ovvero un insieme di reti sparse in tutto il mondo che collegano aziende, agenzie governative e singoli utenti. A livello aziendale, si è pian piano abbandonata l'idea di un'unica unità centrale che gestisce gli archivi e gli applicativi comuni ed il collegamento con i vari terminali, in ultimo, molte delle elaborazioni sono state trasferite sui computer locali e distribuiti su ogni utente riducendo il tempo e la banda di trasmissione e quindi i costi. Un sistema di elaborazione distribuito presenterà quindi più unità centrali collegate in rete con una minore quantità di dati trasmessi, un tempo di risposta inferiore, una maggiore capacità elaborativa e gestione dei guasti. Una rete è quindi rappresentabile con un grafo formato da nodi di connessione, archi e punti terminali, in cui è possibile individuare la rete degli utenti, la rete degli elaboratori e la rete delle comunicazioni costituite dall'insieme delle linee di trasmissione che effettuano il collegamento tra i terminali, sia cablate con cavi che wireless.

Le reti possono avere dimensioni differenti, variando da semplici reti costituite da due computer a reti che connettono milioni di dispositivi. La comunicazione su una rete è più efficiente e meno costosa di altre forme di comunicazione (posta o chiamate telefoniche) a grande distanza. La comunicazione avviene in formato digitale, in quanto i segnali digitali sono facilmente memorizzabili, rielaborabili e trasmissibili, garantendo al contempo la loro conservazione nel tempo e nello spazio, a differenza dei segnali di tipo analogico, la cui gestione comporta dispendi di energia e di spazio, con poche garanzie sull'integrità delle informazioni. Mentre un segnale analogico è molto sensibile ai disturbi del mezzo trasmissivo, subendo di per sé un'attenuazione causata dalle caratteristiche fisiche del mezzo stesso, i segnali digitali sono perfettamente rigenerabili senza perdita alcuna, malgrado il perdurare delle attenuazioni in fase trasmissiva.

Per trasmettere questo universo di informazioni attraverso le reti dati, internet compresa, si utilizza una tecnica trasmissiva detta commutazione di pacchetto. Conseguentemente, le lunghe sequenze di bit che compongono ad esempio una foto che si desidera postare su Facebook, devono essere scomposte in gruppi, inglobate in oggetti detti "pacchetti", rappresentabili come buste per lettere, e quindi inviate sulla rete. Ad oggi, questo meccanismo è la base del funzionamento di tutte le reti informatiche, internet compresa, ed il suo funzionamento è regolato fondamentalmente dalla coppia di protocolli di comunicazione detti TCP/IP (Trasmission Control Protocol/Internet Protocol).

Si definisce una "rete" un gruppo di host o nodi (computer e dispositivi di rete quali Hub, Switch, Router) collegati tra loro per comunicare. Si definisce una "risorsa" un'entità che fornisce un servizio (ad esempio una stampante fornisce un servizio di stampa, oppure un disco rigido un servizio di archiviazione). È possibile distinguere quattro classi di componenti di rete:

- host: inviano e ricevono il traffico sulla rete (e vanno dal computer utente ad uno smartphone);
- periferiche: connessi ad un host per eseguire le operazioni di rete (quali scanner e stampanti);
- dispositivi di rete: apparati che connettono altri dispositivi (hub, gli switch e i router);

- mezzi di comunicazione: forniscono la connessione tra host e dispositivi di rete (dal doppino telefonico alla fibra ai collegamenti wireless satellitari o bluetooth).

Le caratteristiche fondamentali di una rete sono controllo e sincronizzazione, affidabilità e compatibilità, compressione di dati, velocità e sicurezza. Il server è un computer in rete che offre servizi ad altri computer client, dove il client è un computer su cui l'utente lavora e necessita dei server per usare risorse o eccedere a servizi. È possibile individuare alcune principali categorie di server che si specializzano in modo da soddisfare le esigenze degli utenti (client):
- file server: è un server con una memoria di massa per salvare file;
- web server: è un server nella rete che si occupa di fornire servizi (basati pagine html) al client su sua richiesta e rappresenta uno dei servizi più usati nel web;
- mail server: è un server dedicato all'invio e alla ricezione di email;
- ftp server: server che si occupa del trasferimento di file e di comunicare con un client attraverso il protocollo FTP;
- application server: è un server che fornisce ai client il lato server delle applicazioni client/server;
- streaming server: server dedicato al media streaming (audio e video).

La connessione di rete è solitamente client-server, ma può anche essere una connessione tra computer che fungono sia da client che da server (solitamente in reti domestiche o di piccole realtà aziendali in cui l'instaurazione di un server è costosa, o ancora per lo scambio di file in rete tra computer privati): in tal caso è indicata con il nome di peer-to-peer (ad esempio emule). Il protocollo, in ultimo, è un insieme di regole concordate e standardizzate per la trasmissione di dati tra due dispositivi e determina le regole per la compressione dei dati, per il trasporto e il modo in cui inviare e ricevere un messaggio sulla rete. Il protocollo di rete è il linguaggio utilizzato per le comunicazione tra due host remoti e definisce il modo in cui devono essere impacchettati i dati per la trasmissione e la ricezioni dei dati in rete. Il protocollo di comunicazione stabilisce il linguaggio di

11

comunicazione tra due applicativi posti su computer remoti, al fine di poter dialogare (ad esempio: FTP File Transfer Protocol per i file, http Hyper Text Transmission Protocol per le comunicazioni via web, POP Post Office Protocol, IMAP Internet Message Access Protocol e SMTP Simple Mail Transfer Protocol per la ricezione e l'invio della posta elettronica). In ultimo, si definisce ISP (Internet Service Provider) un'azienda che fornisce i collegamenti e il supporto per accedere alla rete (e quindi ad internet).

Le reti possono essere distinte a seconda delle tecnologie usate, ovvero dei modelli organizzativi adottati, e possono essere classificate a seconda dell'estensione geografica e della topologia.

In base all'estensione geografica è possibile distinguere quattro fondamentali tipi di rete:

- LAN (local area network): si estende all'interno di un'area limitata (ad esempio un edificio);
- MAN (metropolitan area network): costituita da più reti LAN e si estende su una superficie di circa 25-30 km quadrati ricoprendo un'intera città;
- WAN (wide area network): si estende su un'area geografica molto vasta e che connette sia singoli host che LAN/MAN, collegando anche nazioni differenti;
- GAN (global area network): si estende per computer dislocati in tutto il mondo, anche via satellite.

La topologia di una rete stabilisce il modo in cui i nodi sono fisicamente disposti e collegati tra di loro ed è possibile distinguere quattro fondamentali tipi di rete:

- topologia a bus: ogni computer della rete partecipa in modo passivo, restando in ascolto e in attesa di messaggi a lui destinati, quando invia dati questi vengono ricevuti da tutti i nodi ma solo il destinatario può intercettarli e leggerli;
- topologia a stella: ogni computer è collegato ad un apparato centrale concentratore (hub o switch) e i dati trasmessi giungono al concentratore, che replica il pacchetto inviandolo a tutti i computer collegati;
- topologia ad anello: ogni computer è collegato agli altri formando un cerchio chiuso (un anello), partecipa in modo

attivo, ricevendo ed inoltrando i pacchetti di dati e i dati trasmessi scorrono in un solo senso (in tal caso la trasmissione si intende terminata quando le informazioni, dopo un intero ciclo, ritornano al mittente);

- topologia mista: è possibile, in fase di progettazione, ricorrere ad un misto di topologie, la struttura a stella è solitamente il cardine e la dorsale (backbone) in genere ha una struttura a bus.

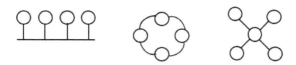

Figura 8. Tipologie di reti (bus, anello stella).

La trasmissione di un pacchetto di dati può generate conflitto (due nodi/computer che trasmettono contemporaneamente): in tal caso, la rete utilizza un protocollo particolare per la gestione delle "collisioni". Lo standard Ethernet, per esempio, gestisce le collisioni con la tecnica CSMA/CD, che annulla entrambe le trasmissioni per ritentarle dopo un tempo variabile.

Facendo riferimento alle tecnologie di interconnessione tra reti è possibile distinguere i seguenti apparati:

- schede di rete: connettono l'elaboratore alla infrastruttura fisica di comunicazione;
- hub e switch: sono concentratori di linee di comunicazione;
- repeater: amplificano i segnali;
- bridge: connettono reti che usano diversi protocolli;
- router: dispositivi intelligenti che si occupano dell'instradamento migliore dei dati per connettere reti che utilizzano gli stessi protocolli di comunicazione ad alto livello.

Inoltre, è possibile individuare i mezzi trasmissivi utilizzati per realizzare le reti che possono essere i seguenti:

- cavi in rame: la prima categoria è individuata dal doppino telefonico tradizionale (quello per le comunicazioni telefoniche), normalmente intrecciati per ridurre i disturbi (legati ai campi elettromagnetici); la seconda categoria è individuata dal cavo coassiale (quello dell'antenna del televisore), attualmente meno usato, costituito da una coppia di conduttori concentrici separati da materiale isolante, che consente elevata velocità di trasmissione e banda con rumore (legato ai disturbi) ridotto;
- fibra ottica: mezzo trasmissivo attraverso il quale il segnale viaggia sotto forma di impulsi ottici in formato digitale;
- ponti radio: sono collegamenti di tipo direzionale nei quali la comunicazione è realizzata attraverso onde radio ad alta frequenza lungo la direzione congiungente le due antenne;
- comunicazioni satellitari: la comunicazione avviene sempre tramite onde radio ma da un satellite verso un ricevitore a terra che può codificare il segnale.

In ultimo, le reti di comunicazione che realizzano i collegamenti tra gli elementi della rete (elaboratori e terminali) possono essere a:
- commutazione di circuito: la comunicazione avviene seguendo un cammino fissato che non varia;
- commutazione di messaggio: non viene realizzata una connessione fisica cablata, ma ogni messaggio trasmesso viene memorizzato da una centrale che la trasmette ad un'altra, seguendo un percorso stabilito in base al traffico sulla rete in quel momento;
- commutazione di pacchetto: analoga alla precedente, ma ogni messaggio viene suddiviso in vari pacchetti in maniera trasparente all'utente. I pacchetti viaggiano in maniera indipendente seguendo cammini diversi e solo alla destinazione vengono ricostruiti.

Nel 1983 la International Standard Organization (ISO) ha pubblicato un modello oggi conosciuto come OSI (Open System Interconnection), quale standard dell'architettura per la comunicazione in rete e strutturato su sette strati (o livelli) organizzati in modo gerarchico (pila protocollare), dove il livello più alto (livello 7), si interfaccia direttamente con l'utente e il livello più basso (livello 1), si interfaccia con il mezzo fisico di trasmissione, e sinteticamente indicati di seguito:

- Application: offre i servizi relativi alle applicazioni dell'utente finale;
- Presentation: assicura la l'interoperabilità e la traduzione delle informazioni a livello applicativo utilizzando un formato comune;
- Session: imposta, gestisce e chiude le sessioni di comunicazione tra due computer;
- Transport: suddivide i dati in segmenti (per l'invio in rete) e gestisce gli eventuali errori;
- Network: definisce il percorso e la connettività sulla rete tra due computer;
- Data Link: gestisce il transito di dati sulla rete;
- Physical: definisce le specifiche elettriche e funzionali che permettono di attivare, gestire e disattivare il collegamento fisico tra due sistemi.

Da un punto di vista prettamente implementativo il protocollo usato fa riferimento allo standard TCP/IP (Transmission Control Protocol/Internet Protocol), inizialmente implementato dal DoD (Dipartimento della Difesa USA) con scopi militari di difesa. Il modello TCP/IP è composto da quattro livelli:

- Application: comprende anche i livelli Presentation e Session del modello OSI.
- Tranport: legato alla qualità del servizio e all'affidabilità, il controllo di flusso e la correzione degli errori.
- Internet: ha lo scopo di dividere i segmenti in pacchetti ed inviarli in rete, scegliendo il percorso ottimale e usando il protocollo IP (Internet Protocol).
- Network: individua tutti i componenti, sia logici che fisici, richiesti per il collegamento.

4. I servizi

Tutti i software sviluppati negli ultimi anni (soprattutto con l'avvento e la crescita di internet e del web) si trovano a condividere flussi di dati già realizzati in diverse altre applicazioni esistenti, diviene quindi fondamentale l'integrazione e l'interoperabilità tra applicazioni differenti.

Da un lato diviene fondamentale lo scambio di informazioni strutturate tra diversi ambienti applicativi (che richiede uno standard) e dall'altro ritorna utile il riutilizzo delle componenti software (per il ridurre il costo di funzionalità sempre più complesse da integrare con i vari sistemi). Questi fattori hanno portato alla necessità di sviluppare uno standard di comunicazione indipendente dalla piattaforma applicativa e un protocollo di dialogo tra chiamante e componente applicativa indipendente dal trasporto, completo dal punto di vista semantico e sicuro. Tale evoluzione ha portato a sviluppare architetture applicative che, in termini di componenti, offrono servizi applicativi sia all' utente sia ad altre componenti e applicazioni.

Per "servizio" si intende una entità che può utilizzare la rete e che fornisce una certa funzionalità attraverso lo scambio di messaggi: componenti quali risorse di calcolo, risorse di storage, reti, programmi e database sono tutti dei servizi. I servizi sono caratterizzati dalle capacità che offrono e implementano un insieme di interfacce, cioè un insieme di operazioni che è possibile invocare tramite lo scambio di ben definite sequenze di messaggi. Durante il suo periodo di vita, al servizio viene associato uno "stato", grazie al quale è possibile distinguere l'istanza di un servizio da un'altra che fornisce la stessa interfaccia.

Nelle architetture a servizi il patrimonio informativo di un'azienda non è più rappresentato da un insieme di applicazioni isolate tra loro che comunicano attraverso tecnologie integrate, ma è organizzato in una collezione di servizi pubblicati su un'infrastruttura di comunicazione, che, nella sua espressione più evoluta, viene individuato nello ESB (Enterprise Service Bus), ovvero un unico canale di interfaccia, e che, quando c'è bisogno, possono essere utilizzati da più applicazioni. In tale contesto i web services divengono un fattore chiave per la pubblicazione dei servizi in uno standard condiviso. La riusabilità delle componenti e lo sviluppo incrementale insieme all'integrazione dei sistemi e alla flessibilità, rappresentano i benefici maggiormente percepiti dalle aziende che utilizzano le tecnologie e le metodologie che sfruttano SOA (Service Oriented Architecture). Tale architettura rappresenta un'evoluzione del paradigma ad oggetti (che verrà trattato in seguito) ed è implementato come un'entità software che interagisce con applicazioni ed altri servizi attraverso un sistema basato sullo scambio di messaggi: questo permette di astrarre dalla reale componente software, concentrandosi solo sulla descrizione del servizio (indicando cosa si vuole e cosa verrà restituito lasciando a chi usufruisce di tali servizi di integrarli nella migliore maniera all'interno della proprio struttura informativa).

L'architettura SOA è caratterizzata da sei entità principali:

• Service Registry: directory contenente i servizi disponibili;

• Service Consumer: che localizza il servizio nel registro;

• Service Provider: accetta ed esegue le richieste del consumer;

• Service Contract: specifica il formato di richiesta e risposta;

• Service Proxy: fornito dal service provider al service consumer con lo scopo di cercare un contratto e un riferimento nel registro per eseguire la richiesta del consumer;

• Service Lease: specifica il tempo per cui il contratto è valido.

I servizi devono essere facilmente ricercabili, modulari, componibili, interoperabili e debolmente accoppiati (in quanto il consumer di un servizio non ha conoscenza del servizio prima di invocarlo).

I web service (basati sulla tecnologia standard XML- eXtensible Markup Language) sono alla base dell'implementazione di un'architettura service oriented, in quanto sono applicazioni auto-descrittive e modulari che espongono servizi che possono essere pubblicati, scoperti e invocati. I web service possono essere generati con l'uso di alcuni linguaggi di programmazione (ad esempio Java), protocolli, o piattaforme. In ultimo, sono completamente indipendenti dalla piattaforma e dal linguaggio. L'interazione tra servizi richiede un documento WSDL (Web Services Description Language) che utilizza XML ed è il formato per definire l'interfaccia e descrivere il servizio sul quale poi predisporre il relativo software.

Gli standard richiesti per fare questo sono:

- Web Service Description Language (WSDL);

- Simple Object Access Protocol (SOAP);

- Universal Description, Discovery, and Integration (UDDI).

SOAP fornisce l'imbustamento dei messaggi web service e generalmente utilizza http. Lo UDDI registry è utilizzato con il significato di scoperta dei web service descritti usando WSDL.

Le tecnologie basate sulle web service stanno divenendo le più usate nello sviluppo e soprattutto nell'integrazione di applicazioni aziendali e in tale contesto il modello ESB si sta evolvendo molto velocemente. L'Enterprise Service Bus individua la migliore soluzione per implementare un'architettura service oriented. Tra service provider e service consumer si instaura un bus per i messaggi che combina l'infrastruttura dei messaggi con la trasformazione e il routing, rendendo virtuali le risorse aziendali e gestendole indipendentemente dall'infrastruttura della rete, e dalla fornitura di questi servizi. È necessario in questa situazione sviluppare uno strato di servizi middleware (ovvero l'insieme dei servizi necessari per supportare applicazioni comuni in un ambiente distribuito) che includano i paradigmi di comunicazione (quali sincrona e asincrona), la qualità di servizi (quali security), la piattaforme, i protocolli standard e i tool basati sugli standard con l'obiettivo di abilitare la gestione e l'integrazione rapida di servizi.

5. I Sistemi Distribuiti

I sistemi informatici si sono evoluti continuamente nel corso degli anni, dal momento in cui nel 1945 ci fu il primo esordio dei moderni computer a quando a metà degli anni '80 lo sviluppo dei primi processori potenti e a costo contenuto permise la distribuzione su larga scala dei computer, fino all'era moderna in cui anche la dimensione e le funzionalità accessorie iniziano ad avere la loro importanza se consideriamo, ad esempio, il caso estremo ed attuale di smartphone o tablet. Parallelamente, lo sviluppo delle reti di computer ad alta velocità (dalle LAN alle GAN) ha permesso a migliaia di macchine all'interno di un edificio o su scale mondiale di comunicare e scambiare dati in intervalli di tempo irrisori. Questo ha reso possibile lo sviluppo di sistemi di calcolo molto potenti in quanto costituiti da una grande quantità di pc connessi in rete ad alte velocità. Tali sistemi sono indicati come reti di computer o, meglio, sistemi distribuiti. Un "sistema distribuito" è, quindi, la composizione di più computer, autonomi e indipendenti, connessi tra loro che all'esterno vengono individuati come un unico sistema. Lo sviluppo e lo studio di tali sistemi si sta evolvendo negli ultimi anni, concentrandosi sull'interazione, l'interfaccia e la trasparenza (nascondendo processi ed eventuali guasti) rispetto all'utente finale, sulla comunicazione in rete tra le risorse coinvolte, la loro accessibilità (per condividere risorse in un ambito distribuito) e sulla loro scalabilità (per aggiungere risorse, per essere distribuito spazialmente, e amministrativamente), analizzando gli algoritmi di parallelizzazione e la disponibilità del complesso del sistema e la relativa sicurezza nell'accesso, in ultimo sulla possibilità di adottare standard aperti e condivisi per permettere l'interfacciamento tra sistemi differenti. Di seguito vengono analizzati tre tra i sistemi più usati al giorno d'oggi.

5.1. Cluster

I sistemi Cluster divennero popolari con l'evoluzione dei sistemi hardware e con il loro conseguente calo di prezzo e contemporaneamente con lo sviluppo delle reti che permetteva di mettere in collegamento tra loro diverse macchine aumentando la capacità di calcolo e riducendo i costi complessivi rispetto alla costruzione di un singolo super computer. Un Cluster è un insieme di risorse dello stesso tipo (server), collegate in rete, che agisce come un unico sistema e garantisce quindi performance migliori. Lo scopo di un Cluster è, infatti, quello di distribuire una elaborazione molto complessa tra i vari computer componenti il Cluster, conseguentemente, un problema che richiede molte elaborazioni per essere risolto viene scomposto in sotto-problemi separati risolti in parallelo e questo aumenta la potenza di calcolo di tutto il sistema. I vari computer componenti il Cluster risultano come una singola risorsa computazionale e le varie componenti sono risorse dedicate al funzionamento dell'insieme; il server Cluster è quindi ad altissime prestazioni in quanto suddivide il carico di lavoro su più macchine costituendo, di conseguenza, un sistema distribuito.

Per poter instaurare un Cluster è necessario disporre di hardware in rete, un sistema operativo distribuito e impostare degli algoritmi parallelizzabili. Caratteristica principale dei sistemi Cluster è l'omogeneità, infatti gran parte dei computer in Cluster sono uguali ed hanno tutti il medesimo sistema operativo, sono connessi attraverso la stessa rete e sono spesso posizionati nel medesimo centro operativo. Il software che gestisce il Cluster è legato al middleware.

Sono tre i principali tipi di cluster:

- cluster ad alta affidabilità (Fail-over): garantiscono la minima interruzione di servizio possibile, ovvero consentono una continuità di servizio ben al di sopra di quella caratteristica dei sistemi a macchina singola;

- cluster Load balancing: permettono di ridurre il carico di elaborazione di una macchina in quanto le richieste sono distribuite con appositi algoritmi bilanciando così il carico di lavoro sulle singole macchine e garantendo anche tempi minori di elaborazione nella richiesta di un servizio;

•cluster computazionali (hpc: High Performance Computing): offrono un servizio impiegando la potenza di calcolo complessiva delle macchine del Cluster aumentando la capacità del sistema.

I Cluster ad alta fail-over e load-balancing sono molto utilizzati in ambito aziendale per applicativi dedicati (si pensi ad una banca) in quanto permettono di ottimizzare le risorse in maniera intelligente e vantaggiosa, con l'acquisto di risorse hardware il cui costo è ormai ridotto e con un buon sistema di gestione software, anche intervenendo su server datati prima che sussistano guasti dovuti all'età delle macchine. Inoltre, la possibilità di virtualizzare (astrazione delle componenti hardware di un sistema per renderle disponibili al software in forma virtuale: ad esempio è possibile creare in tal maniera più macchine virtuali su cui installare sistemi operativi differenti) su un stesso hardware, ottimizza ulteriormente il consumo di risorse che verrebbe quindi ripartito in modo più efficace rispetto alle soluzioni tradizionali. È sufficiente scegliere la macchina principale (Master) e, tramite procedure automatiche, la macchina secondaria (Slave) viene sincronizzata in tempo reale con la Master. In caso di guasti al Master, lo Slave riattiverà il funzionamento nel punto in cui il server reale si era fermato precedentemente con un intervallo minimo di tempo.

I Cluster ad alta affidabilità riducono quindi il TCO (Total Cost of Ownership: utilizzato per calcolare tutti i costi del ciclo di vita di un'apparecchiatura informatica IT, per l'acquisto, l'installazione, la gestione, la manutenzione e il suo smantellamento), consentono di intervenire automaticamente in caso di guasto garantendo continuità nei servizi e semplificano il backup di sistema oltre a garantire il monitoraggio di guasti e risorse, a semplificare gli aggiornamenti e a intervenire da remoto per il ripristino, ad esempio, delle configurazioni di una delle macchine in Cluster.

I Cluster HPC sono configurati per fornire prestazioni estremamente performanti ed usati in ambito di ricerca. Le macchine suddividono i processi di un job (che rappresenta il più piccolo elemento di computazione gestito dall'ambiente) su più macchine attraverso algoritmi distribuiti parallelizzando (invece di eseguirli sequenzialmente) i processi, al fine di guadagnare in prestazioni. Ogni Cluster è costituito da una collezione di nodi di calcolo gestiti da un nodo principale che gestisce anche l'allocazione del programma parallelo e dei job di cui è richiesta l'elaborazione.

I vantaggi dell'utilizzo di questo sistema sono economicità (rispetto ad un unico computer di grandi capacità), affidabilità e scalabilità (essendo risorse distribuite), ma anche disponibilità di molti software distribuiti di gestione. Questo chiaramente è ottenuto con l'uso di più server, maggiore consumo di energia e la necessità di organizzare la gestione di più computer.

5.2. Grid Computing

Il Grid Computing nasce e si evolve quale nuova tecnologia informatica in grado di condividere consistenti risorse di calcolo indipendentemente dalla loro localizzazione geografica e dall'ambiente operativo di base utilizzato, con lo scopo di soddisfare le esigenze di complesse applicazioni in diversi ambiti quali medicina, fisica, astronomia, biologia, grafica, business intelligence e ingegneria, che richiedono risorse di calcolo numerose e distribuite. L'evoluzione del Grid Computing è favorita dall'esigenza di lavorare con una infrastruttura più ampia di quella cui potenzialmente si può accedere nel proprio centro elaborazione dati, che può non risultare sufficiente a soddisfare l'esecuzione di computazioni che richiedono un gran numero di risorse con differenti caratteristiche operative. Il termine Grid Computing sta ad indicare un paradigma di calcolo distribuito che utilizza una infrastruttura di calcolo "a griglia" decentralizzata e di natura disomogenea in grado di consentire ad un vasto numero di utenti l'utilizzo di risorse (dispositivi hardware, capacità di calcolo (CPU), spazio di memoria, dati e applicazioni software) provenienti da un numero elevato di calcolatori interconnessi da una rete attraverso. La risorsa computazionale è vista come utility e come tale deve garantire all'utente un accesso trasparente e sicuro all'utilizzo ed alla gestione efficiente di risorse distribuite.

Le caratteristiche principali dei sistemi di calcolo a Cluster sono l'omogeneità delle risorse, la condivisione del medesimo sistema operativo e la connessione alla stessa rete e allo stesso dominio amministrativo con politiche di sicurezza note e condivise, diversamente, i sistemi Grid consentono di operare con risorse disomogenee e con qualunque tipo di ambiente operativo ed applicazione in differenti domini amministrativi. La tecnologia Grid, a differenza del Cluster, prevede l'interconnessione tra macchine, anche eterogenee, per realizzare attività cooperative di calcolo e richiede, quindi, una infrastruttura complessa e articolata in livelli per identificare le componenti del sistema specificandone lo scopo e le funzioni, l'indicazione delle modalità di interazione tra le componenti e la definizione dei servizi e dei protocolli comuni. Questa complessità architetturale ha determinato la necessità sia di sviluppare componenti software per implementare interfacce per le applicazioni utente, sia di sviluppare importanti moduli di middleware. In ultimo, lo sviluppo di uno standard internazionale ha consentito di definire una architettura Grid in termini di servizi che fa riferimento alle Service Oriented Architecture (SOA). Lo standard Open Grid Service Architecture (OGSA) descrive i requirement e i servizi indipendenti di middleware necessari al funzionamento di una computational Grid. Tra i vari servizi, particolarmente importanti sono i Servizi di Execution Management (Execution Management Services - EMS) che permettono agli utenti di usare le risorse distribuite nella Grid a partire dalle loro applicazioni gestendo l'esecuzione dei vari job. Questi servizi sono nevralgici per l'esecuzione di job distribuiti e rappresentano il cuore dell'architettura Grid. Quello che differenzia le Computational Grid dal Web sta nel fatto che la condivisione non è limitata allo scambio dei file, ma si estende all'accesso diretto a computer, software e in generale a tutto l'hardware necessario alla risoluzione di un problema computazionale.

Nel 2001 l'architettura Grid viene formalizzata da I.Foster e C.Kesselman quale infrastruttura distribuita di risorse eterogenee di calcolo cooperanti in "Virtual Organization" dinamiche ed è caratterizzata da tre proprietà fondamentali:

•una gestione coordinata di risorse che non devono essere soggette ad alcun controllo centralizzato: PC, desktop personali, nodi di calcolo e database di istituzioni sparse nel mondo, senza la necessità del controllo tipico di un sistema a gestione locale, pur garantendo la sicurezza e la realizzazione delle politiche di utilizzo all'interno di un'organizzazione virtuale;

•l'uso di protocolli e di interfacce standard, open, general-purpose, essenziali per assicurare in modo trasparente funzionalità di base quali autenticazione, autorizzazione, ricerca e accesso alle risorse;

•un'elevata qualità di servizio (QoS – Quality of Service), misurata con metriche quali tempo di risposta, throughput, disponibilità, sicurezza, co-allocazione di risorse.

La condivisione delle risorse è ottenuta attraverso accessi diretti, altamente controllati, da parte degli utenti. Gruppi di utenti o organizzazioni regolati da una politica di condivisione formano le cosiddette Virtual Organization, comunità virtuali con l'obiettivo comune di condividere risorse distribuite geograficamente tramite relazioni affidabili. Una Virtual Organization (VO) quindi è costituita da:

•un insieme di individui o istituzioni;

•un insieme di risorse da condividere;

•un insieme di regole per la condivisione.

I membri facenti parte dell'organizzazione condividono risorse e regole e perseguono obiettivi comuni, negoziando le modalità di condivisione delle risorse e utilizzandole per i propri scopi applicativi.

Affinché all'interno della Grid le entità possano essere condivise, occorre un'architettura che:

- identifichi le componenti principali del sistema;

- specifichi lo scopo e la funzione di questi componenti;

- indichi come queste componenti interagiscono fra di loro;

- definisca servizi e protocolli comuni per garantire l'interoperabilità attraverso la rete.

In ultimo, l'interoperabilità è un concetto fondamentale negli ambienti Grid per assicurare che sia sempre possibile stabilire relazioni di condivisione tra utenti diversi e scalabili. Senza l'interoperabilità le applicazioni e i componenti di una VO sono costretti a stabilire delle relazioni di condivisione bilaterali, e questo non assicura che i meccanismi utilizzati tra i due componenti possano essere estesi ad altre parti.

Una architettura "open" basata su standard oltre a garantire l'interoperabilità, favorisce l'estensibilità, la portabilità e la condivisione del codice. Con protocolli standard è più facile definire servizi standard e con questi offrire all'utente finale maggiori potenzialità. Il middleware preposto per le Grid individua i servizi necessari per poter eseguire applicazioni su un insieme di risorse remote e distribuite in una Virtual Organization.

La definizione di protocolli standard consente di offrire servizi migliori ai componenti della VO e di astrarre i dettagli relativi alle specifiche risorse. Di seguito vengono illustrati i vari livelli dell'architettura Grid.

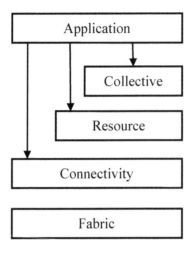

Figura 1. Architettura Grid.

Il core di astrazioni è costituito dai livelli Resource e Connectivity, che facilitano la condivisione delle singole risorse. I protocolli di questi livelli possono essere implementati su diversi tipi di risorse, definiti a livello Fabric e possono essere utilizzati per costruire un insieme vasto di servizi globali e di funzioni specifiche per ciascuna applicazione al livello Collective, così chiamato perché implica l'uso coordinato di risorse multiple.

Il livello Fabric è costituito dalle risorse che si intende condividere: risorse computazionali, sistemi di storage, cataloghi, risorse di rete e sensori e risorse logiche, come file system distribuiti e Cluster di computer. I componenti Fabric forniscono l'accesso a tali risorse implementando, attraverso protocolli interni, le operazioni locali, derivanti dalla esecuzione di operazioni di condivisione ai livelli più alti, sulle specifiche risorse.

Il livello Connectivity definisce i protocolli nucleo per la comunicazione e l'autenticazione richiesti dalle transazioni Grid. I protocolli di comunicazione abilitano lo scambio dei dati fra le risorse del livello Fabric, i protocolli di autenticazione invece si basano sui servizi di comunicazione per fornire meccanismi crittografici sicuri atti a verificare l'identità degli utenti e delle risorse. I requisiti di comunicazione includono il trasporto, il routing e il naming. Le soluzioni di sicurezza Grid dovrebbero fornire anche un supporto flessibile alla protezione della comunicazione.

Il livello Resource si appoggia sui protocolli di comunicazione e autenticazione dello strato Connectivity per definire protocolli e servizi utili alla negoziazione sicura, all'inizializzazione, al monitoraggio, al controllo e all'addebitamento dell'utilizzo di risorse singole.

Le implementazioni di questi protocolli chiamano le funzioni del livello Fabric per accedere alle risorse e controllarle; inoltre controllano solo le singole risorse e non le questioni legate allo stato globale e alle azioni atomiche riguardanti le collezioni distribuite di risorse.

Diversamente dal livello Resource, che si occupa delle interazioni con le singole risorse, i protocolli e i servizi dello strato Collective hanno natura globale e gestiscono le transazioni fra collezioni di risorse, sfruttando i servizi dei sottostanti livelli Resource e Connectivity.

L'ultimo strato dell'architettura Grid, il livello Application, è costituito dalle applicazioni utente che operano in una Virtual Organization e che coprono un vasto scenario dall'ambito industriale a quello accademico. Tali applicazioni richiamano gli strati inferiori con definiti protocolli, che permettono agli utenti di accedere ed usare le risorse di una Grid.

Sostenuto dall'emergere dei Web Service, il Globus Project (ora, Globus Alliance) ha proposto nel 2002 la "Open Grid Service Architecture" (OGSA), definendo l'architettura Grid in termini di servizi. Grazie a successive evoluzioni e raffinamenti, nel 2006 viene completato dall'Open Grid Forum (consorzio di ricercatori, sviluppatori e vendor rappresentanti oltre 400 organizzazioni in più di 50 paesi operanti sulle tecnologie distribuite e Grid), divenendo lo standard "de facto" per i sistemi Grid. Diverse organizzazioni, quali l'OGF, Globus, Oasis, W3C e IETF sono coinvolte nel processo di standardizzazione del sistema Grid.

OGSA definisce l'architettura e gli standard necessari per la realizzazione delle applicazioni Grid attraverso la definizione di Grid Services, delle loro funzioni, delle tecnologie sulle quali i Grid service sono basati (XML, WSDL, SOA, SOAP) e delle interfacce comuni utilizzate (soluzioni standardizzate per servizi quali Discovery, Authentication, Global Namespace, Delegation, Accounting).

Nel contesto OGSA qualsiasi componente è rappresentata da un servizio, servizi che possono essere composti attraverso la definizione di interfacce standard che ne consentano l'interazione. Tale evoluzione comporta che le funzionalità di ogni livello architetturale possano essere astratte dai servizi Grid rendendo più semplice l'integrazione e la comunicazione tra i livelli stessi. Ciò comporta che anche le risorse, alle quali è possibile accedere mediante interfaccia standard, possano essere incapsulate all'interno di servizi di Web Services tramite un Web Services Resource Framework (WSRF), costituito da WS-Resource definite come sequenze di messaggi Web Service e di definizioni XML. Lo standard OGSA descrive, quindi, i requirements (interoperability and resource sharing, optimisation, quality of service, job execution, data services, security, scalability and extensibility) e considera sei importanti servizi (Execution Management Services; Data Services; Resource Management Services; Security Services; Self-Management Services; and Information Services), di seguito elencati.

- Execution Management Services: si occupano della inizializzazione e della gestione, fino al completamento dell'operazione richiesta, delle unità di lavoro, siano esse applicazioni OGSA o applicazioni legacy e, quindi, di tutto quello che concerne l'esecuzione delle unità di lavoro, incluse la disposizione di ciascuna di esse, l'assegnazione delle risorse e dei privilegi e la gestione del lifetime. Le fasi fondamentali sono le seguenti:

  - ritrovamento delle locazioni candidate per l'esecuzione: consiste nel ricercare le locazioni in cui una determinata unità di lavoro può essere eseguita, con determinati requisiti di memoria, CPU, librerie e licenze disponibili e che sono compatibili con le restrizioni imposte dalla politica di utilizzo;

▪scelta di una locazione per l'esecuzione, effettuata con diversi algoritmi di selezione che ottimizzano differenti funzioni obiettivo o che si propongono di far rispettare determinate politiche di utilizzo o determinati accordi sul livello di qualità (SLA – Service Level Agreement) del servizio richiesto;

▪preparazione dell'esecuzione, che può includere lo sviluppo e la configurazione di file binari o di librerie, l'organizzazione dei dati o altre operazioni per settare l'ambiente d'esecuzione locale;

▪avvio dell'esecuzione;

▪gestione dell'esecuzione, in cui sono previste, ad esempio, forme di riavvio dei job in caso di guasti e di controllo dello stato per poter garantire il riavvio;

●Data Services: servizi legati alla gestione, all'accesso e all'aggiornamento delle risorse contenenti dati; si occupano anche del trasferimento dei dati, della gestione delle copie replicate, dell'esecuzione delle query e degli aggiornamenti ai database, nonché della gestione dei metadati che descrivono i dati, come ad esempio le informazioni circa la provenienza. I data services devono anche assicurare la consistenza tra i dati replicati;

●Resource Management Services: in una Grid i servizi per la gestione delle risorse si occupano delle risorse fisiche e logiche vere e proprie (quali riavvio di un host, settaggio di una VLAN su uno switch di rete); delle risorse Grid specifiche del contesto OGSA, esposte tramite interfacce di servizi; infine dell'infrastruttura Grid, che espone le proprie interfacce di gestione (quale ad esempio il monitoraggio di un registry service). Le risorse sono descritte da un "information model" che definisce le loro proprietà, le operazioni, gli eventi e le relazioni esistenti tra di esse;

•Security Services: facilitano l'applicazione delle politiche legate alla sicurezza in una VO, allo scopo di assicurare il raggiungimento degli obiettivi di business presenti al livello più alto dell'architettura. La caratteristica delle applicazioni Grid di inglobare diversi domini amministrativi implica che ciascuno di questi domini ha i propri obiettivi di business e che ciascuno definisce e applica le proprie politiche di sicurezza, che possono essere molto diverse fra loro in complessità e precisione. I componenti di sicurezza OGSA devono supportare, integrare e unificare modelli, meccanismi, protocolli, piattaforme e tecnologie comuni in modo da permettere ad una varietà di sistemi di interoperare in modo sicuro e consentire l'integrazione con le architetture di sicurezza esistenti;

•Self-Management Services: rappresentano un modo per ridurre i costi di gestione di un sistema IT; in un ambiente che si autogestisce, i componenti del sistema, inclusi i componenti hardware come computer, reti e dispositivi di storage e i componenti software, come sistemi operativi e applicazioni commerciali, si configurano, si gestiscono e si ottimizzano in modo autonomo. Questo comporta non solo una riduzione dei costi ma anche la capacità, da parte dell'organizzazione, di reagire al cambiamento in modo flessibile;

•Information Services: funzionalità che permettono di accedere e di manipolare le informazioni relative ad applicazioni, risorse e servizi appartenenti all'ambiente Grid, dove per informazioni intendiamo tutti i dati o gli eventi dinamici usati per monitorare lo stato, i dati usati per il discovery e ogni altro tipo di dato registrato. Nello specifico, un information service deve supportare una varietà di requisiti QoS per ottenere affidabilità, sicurezza e performance. Tra i client di un information service sono inclusi i servizi di logging per il monitoraggio delle applicazioni.

L'architettura Grid a servizi è affrontata in letteratura nelle sue differenti componenti. L'idea di fondo consiste nel definire un'architettura che permetta di distinguere i tre livelli in cui principalmente può essere individuato nella sua globalità un sistema Grid, per poi concentrarsi sui servizi. Le tre componenti fondamentali che caratterizzano un'architettura Grid sono:

- Lo strato Application;

- Lo strato Middleware;

- Lo strato Resource Pool.

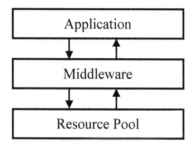

Figura 2. Architettura a tre livelli di una Grid.

Lo strato Application è costituito dall'insieme di tutti i software atti ad interfacciare gli utenti Grid con la Grid stessa, permettendo di sottomettere i vari User Job (l'insieme delle computazioni sottomesse dall'utente finale). Molti degli ambienti preposti permettono agli utenti di accedere ai servizi Grid tramite un web browser, migliorando le prestazioni dei processi ed esponendo dati ed applicazioni.

Tali software, grazie all'avvento della tecnologia Grid, sono divenuti negli anni sempre più complessi, ed utilizzati in ambito scientifico ed industriale per processare grandi quantità di dati e per eseguire esperimenti sulle risorse distribuite della Grid. Tali applicazioni complesse possono prendere in carico l'esecuzione di job paralleli o sequenziali, interdipendenti o indipendenti, fino all'esecuzione di workflow complessi.

Lo strato Middleware è costituito da tutti i servizi che implementano le principali funzionalità delle Grid richiesti dall'architettura a servizi OGSA (Security Services, Execution Management Services, Data Management Services, Resource Management Services, Information Services e Self-Management Services). Grazie a questi servizi gli utilizzatori della Grid possono richiedere, ed eventualmente coordinare, le risorse remote per ottenere e vedere eseguite le loro richieste. Il Middleware interagisce con lo strato Application, gestendo i vari User Job sottomessi e restituendo il risultato delle computazioni eventualmente riassemblate e ricompilate.

Lo strato Resource Pool è caratterizzato dall'insieme delle risorse eterogenee e distribuite di una Grid. La Risorsa è un'entità logica indipendente, costituita da componenti fisici e virtuali e con disponibilità limitata, che possiede le caratteristiche necessarie all'esecuzione di un determinato job. Ogni singola Risorsa ha una serie di elementi funzionali (ad esempio un determinato numero di processori, una capacità di memoria, una data frequenza per la CPU, una determinata banda, una o più macchine ed eventualmente particolari dispositivi) che la rendono adatta all'esecuzione di un particolare job ed ogni risorsa ha un gestore locale (local resource management system).

Ogni User Job viene quindi processato dal livello Application (la cui analisi dettagliata non è scopo della presente dissertazione) e i singoli job atomici ottenuti vengono inviati al livello Middleware per essere processati. Tali informazioni serviranno poi a livello superiore per informare l'utente sull'esito delle operazioni e per riassemblare i risultati.

5.3. Cloud Computing

L'architettura Grid con i suoi servizi rappresenta il punto di partenza del Cloud Computing, conquista degli ultimi anni (come il web 2.0 e come esso basato su applicazioni service-oriented). Il Cloud rappresenta un nuovo paradigma di sistema distribuito costituito da risorse fisiche e servizi forniti "on demand" agli utenti in internet e guidato dall'economia di scala. Il nuovo approccio commerciale e tecnico raffigura internet come una nuvola in cui si può immaginare un universo digitale in cui trovare ogni informazione possibile. Il Cloud rappresenta quindi tutte le tecnologie messe a disposizione in rete e non solo che permettono la fornitura di risorse IT attraverso servizi accessibili tramite ogni tipologia di dispositivo che si può connettere in rete. I fattori tecnologici che hanno incrementato lo sviluppo del Cloud sono legati alla diminuzione dei costi dello hardware e al conseguente aumento di capacità di calcolo; alla crescita esponenziale dell'uso di internet per scopi scientifici, per pubblicazioni e per archiviazioni di file; in ultimo allo sviluppo dei servizi e delle applicazioni web 2.0.

Confrontandolo con il Grid, il Cloud punta alla riduzione dei costi, ad un aumento di affidabilità e flessibilità nell'acquisizione delle risorse su cui lavorare, ma è fondamentalmente spinto da scopi economici e di business, motivo per il quale non esistono standard realmente condivisi ed ogni vendor sviluppa sistemi Cloud differenti nei proprio data center, cercando di essere competitivi per acquisire un maggior numero di clienti. Le problematiche architetturali restano comunque le medesime: dalla gestione e condivisione di un gran numero di risorse alla computazione distribuita su tali risorse. È comunque possibile afferma che il Cloud si basa su tutti gli studi e i risultati ottenuti dall'infrastruttura Grid, di cui ne rappresenta l'evoluzione business.

È quindi possibile definire ipotizzare e semplificare una complessa architettura Cloud in un'architettura a tre livelli come di

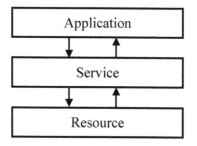

seguito.

Figura 3. Architettura a tre livelli di un Cloud.

Lo strato Application contiene tutte le applicazioni che si vogliono far eseguire sul Cloud. Lo strato Service rappresenta l'insieme di tutti i servizi offerti dalla piattaforma Cloud, che verranno illustrati di seguito e lo strato Resource rappresenta

33

l'insieme di tutte le tipologie di risorsa posizionate all'interno dei data center distribuite geograficamente e amministrativamente per un provider che fornisce i servizi Cloud.

Di seguito si illustrano le principali proprietà e modalità di erogazione e distribuzione di un servizio Cloud, che, diversamente dai servizi Grid, presentano un contesto di sviluppo più commerciale. Anzitutto si definiscono gli attori principali facenti parte del modello Cloud:

- cloud provider: entità responsabile di rendere il servizio disponibile alle parti interessate della implementazione Cloud;

- cloud consumer: l'utente (persona o organizzazione) che usa i servizi di uno o più Cloud Provider;

- cloud auditor: terza parte che possa condurre una verifica dei servizi, delle prestazioni e della sicurezza della implementazione Cloud;

- cloud broker: entità che gestisce l'uso e l'erogazione dei servizi Cloud negoziando le relazioni tra i Cloud provider e i Cloud consumer;

- cloud carrier: intermediario che fornisce la connettività e il trasporto dei servizi Cloud dai Cloud provider ai Cloud consumer.

Gli utenti consumer collegati ad un fornitore di servizi Cloud (provider) possono memorizzare e archiviare dati, ovvero elaborare dati in vario modo, utilizzando un semplice browser. La modalità è solitamente:

- on demand (servizi su richiesta);

- pay for use (pagamento in base all'uso effettivo).

Tra le principali caratteristiche del Cloud si considerano le seguenti:

●on-demand self-service: un consumatore può acquisire autonomamente le risorse necessarie al suo scopo (ad esempio risorse di memorizzazione, di calcolo, di rete e macchine virtuali), senza interagire con i fornitori di servizi;

●broad network access: le risorse sono disponibili in rete e accessibili attraverso standard mediante piattaforme anche eterogenee (dai telefoni mobili ai tablet alle workstation);

●rapid elasticity: le risorse possono essere acquisite e rilasciate "elasticamente", ovvero automaticamente in relazione alla domanda, rimanendo illimitate e sempre disponibili in ogni momento al consumatore finale;

●resource pooling: le risorse del fornitore sono condivise tra molteplici consumatori, assegnate e riassegnate dinamicamente in base alla domanda. L'utente non ha controllo o conoscenza dell'esatta ubicazione delle risorse fornite, ma può essere in grado di specificare dei vincoli sulla locazione delle risorse a lui assegnate in termini di area geografica, Paese o anche singolo data center;

●measured service: I sistemi Cloud controllano automaticamente e ottimizzano l'uso delle risorse in base al tipo di servizio. L'utilizzo delle risorse può essere monitorato in trasparenza sia per il fornitore che per l'utilizzatore del servizio.

Le tipologie di servizio fornite dai provider sono principalmente tre:

●Platform as a Service (PaaS): il servizio offerto consiste in una piattaforma di elaborazione con la quale l'utente può sviluppare, testare, implementare e gestire le applicazioni aziendali senza i costi e la complessità associati all'acquisto e alla gestione dell'hardware e del software di base; il provider gestisce l'infrastruttura e i componenti della piattaforma (ad esempio i database) e supporta, con strumenti di sviluppo o interfacce di programmazione, i processi di sviluppo del consumer che ha il controllo sulle applicazioni e su alcuni parametri ambientali e che ha, al contempo, accesso ridotto alle infrastrutture sottostanti;

•Software as a Service (SaaS): il servizio offerto consiste in un'applicazione software (messa a disposizione sul web) che può essere utilizzata su richiesta; il provider aggiorna le applicazioni software in conformità ai livelli di servizio concordati con il consumer che ha un limitato controllo amministrativo sulle applicazioni;

•Infrastructure as a Service(IaaS): il servizio offerto consiste in una infrastruttura con capacità computazionale, di memorizzazione, e di rete, sulla quale l'utente può installare ed eseguire il software necessario (dal sistema operativo alle applicazioni); tale servizio è simile ai servizi forniti dal Grid ma le risorse vengono utilizzate su richiesta al momento in cui una piattaforma ne ha bisogno. Il provider gestisce le risorse fisiche dell'infrastruttura (i server, le reti e lo storage). Il consumer usa le risorse messe a disposizione dal provider e, rispetto ai consumer di servizi PaaS o SaaS, ha accesso e maggiore controllo sull'infrastruttura di sistema.

A quelle elencate si aggiungono:

•Data as a Service (DAAS): il servizio offerto consiste nel mettere a disposizione dell'utente i dati rendendoli disponibili in vari formati, come se fossero presenti sul disco locale, riducendo, ad esempio, i costi di licenza di un intero database;

•Hardware as a Service (HAAS): il servizio offerto consiste in un accesso, con privilegi di amministratore, ad una architettura Cloud, su cui l'utente può creare più istanze virtuali e usufruire delle risorse della infrastruttura Cloud per far funzionare le macchine.

In ultimo si considera la modalità di distribuzione dei servizi in rete, importante quando si dovesse decidere di usufruire dei servizi Cloud. Si individuano i seguenti modelli:

•Public Cloud: il fornitore mette a disposizione degli utenti i servizi Cloud pubblici, secondo politiche, modelli, prezzi stabiliti unilateralmente dal fornitore stesso, che gestisce l'infrastruttura;

•Private Cloud: il fornitore mette a disposizione l'infrastruttura per uso esclusivo da parte di una singola organizzazione, in cui l'utente utilizza il proprio data center per il proprio Cloud privato, con politiche di gestione e modelli di Cloud stabiliti dall'utente stesso. L'infrastruttura può essere posseduta e gestita dall'organizzazione stessa, o da un società terza o da una combinazione delle due, e può esistere dentro o fuori le proprie sedi: situazione adatta a chi è interessato a rendere più efficiente la propria infrastruttura;

•Community Cloud: infrastruttura fornita per uso esclusivo da parte di una comunità di consumatori di organizzazioni con interessi comuni;

•Hybrid Cloud: infrastruttura composta da due o più infrastrutture Cloud (ad esempio Public e Private) che restano entità distinte interfacciate attraverso tecnologie standard, che abilitano la portabilità di dati e applicazioni. Si tratta di una soluzione che potrebbe risolvere il problema del trattamento dei dati sensibili, gestendoli nel Cloud privato, demandando al Cloud pubblico il resto.

Queste tipologie di servizi, presentano vantaggi quali la facilità dell'accesso al servizio, tramite interfacce web da qualsiasi posto, in qualsiasi momento e mediante interfacce indipendenti dal tipo di dispositivo utilizzato, la disponibilità di un servizio fruibile da clienti diversi mantenendo una separazione logica o fisica dei dati, le minori spese per le risorse ovvero un risparmio sugli investimenti e un facile adeguamento delle condizioni contrattuali in funzione delle maggiori o minori esigenze da parte dell'utente finale che può ridurre le risorse umane dedite alla gestione dell'infrastruttura, disponibilità di aggiornamenti o di installazione di nuove funzionalità fornite normalmente senza ulteriori spese da parte dell'utente finale, in ultimo, la possibilità di mettere in atto un sistema di sicurezza volto a proteggere i dati e le reti con servizi sempre presidiati da backup.

D'altra parte è necessario valutare anche gli svantaggi propri di questa tipologia di servizi quali la dipendenza da internet (l'impossibilità della connessione può determinare un blackout di ogni attività), la gestione delicata non solo relativamente alla sicurezza ma anche alla privacy in quanto i dati sono memorizzati in server virtuali, di cui spesso non si sa la locazione fisica dei data center, con il rischio di manipolazioni diverse per ricerche di mercato, spionaggio industriale o altro.

Tra i principali rischi cui porre attenzione si ritrovano:

> • data-at-rest: non sempre si ha la garanzia dal provider che i dati siano stati eliminati in maniera sicura, soprattutto nel caso in cui si abbia una rescissione del contratto o una riallocazione di risorse IT;

> • data-in-transit: i dati vengono memorizzati entro il perimetro del provider e si assiste al passaggio di dati dal cliente al fornitore, dando origine ad un flusso informativo tra due ambienti;

> • data-in-process: legato al processamento dei dati, i quali non risultano cifrati nel data center e risultano vulnerabili.

Tra le principali problematiche di sicurezza si ritrovano:

> • identity: consiste nell'insieme di informazioni associate a una specifica entità per le quali le piattaforme

Cloud dovrebbero garantire e fornire un robusto sistema di gestione;

●data lock-in: consiste nella difficoltà di estrarre dati da un Cloud, senza perdere informazioni personali, potendo riutilizzarli a sua volta su un altro Cloud a causa di standard non condivisi;

●Storage Location: consiste nel memorizzare i vari dati e/o file forniti dal cliente su server spesso fuori dalla regione, o dal paese d'origine con problematiche riguardanti il rispetto di regole e leggi, alle quali le stesse organizzazioni che richiedono il servizio devono sottostare.

Tra le principali tecniche di protezione si ritrovano:

●controllo e audit: il monitoraggio su tutte le attività che può assicurare di ottenere un contratto affidabile con il fornitore di servizio;

●crittografia: è necessario adottare opportune strategie per rendere nascosti i dati condivisi con i diversi client in rete (Encrypting data in transit over networks) ovvero per proteggerli su disco o in un database (Encrypting data at rest).

L'adozione di un servizio Cloud comporta quindi la necessità da parte dell'utente finale di verificare, controllare e valutare condizioni quali l'affidabilità del fornitore, la portabilità dei dati nel caso di passaggio ad altro fornitore, la disponibilità dei dati in caso di necessità, posizionamento fisico dei dati, la gestione della confidenzialità dei dati, le politiche di conservazione dei dati e dei backup.

Dal punto di vista organizzativo, recente è l'avvio del progetto Coco Cloud - Confidential e Compliant Clouds - nuovo progetto di ricerca finanziato dalla Commissione Europea, che ha l'obiettivo di condividere in maniera sicura dati nel Cloud garantendo al tempo stesso la privacy, verificando la conformità alle leggi e alle regole tecniche per la condivisione dei dati, sulla base di appositi accordi, in cui AgID contribuirà alla definizione dei requisiti e dell'architettura e avvierà le opportune attività per recepire i risultati del progetto nelle linee guida di futura emanazione relativamente al Cloud computing nel settore pubblico e nello specifico ambito del Sistema Pubblico di Connettività (SPC). I principali risultati del progetto saranno valutati attraverso tre casi pilota sviluppati nei domini della sanità, della pubblica amministrazione e dell'uso in ambito aziendale di dispositivi mobili.

6.   Bibliografia

Luciano Manelli, "Fondamenti di Informatica Moderna", Casa Editrice ARACNE, 2014.

I. Foster, C. Kesselman, S. Tuecke, "The anatomy of the Grid: Enabling scalable virtual organizations", Int. J. High Perform. Comput. Appl., vol. 15, n° 3, pp. 200-222, 2001.

I. Foster, "What is the Grid? A Three Point Checklist", Globus Alliance,   available   online   on: http://www.globus.org/alliance/publications/papers.php, 2002.

"Twenty-One Experts Define Cloud Computing", Cloud Expo, http://cloudcomputing.sys-con.com/node/612375, 2009.

www.ingramcontent.com/pod-product-compliance
Lightning Source LLC
Chambersburg PA
CBHW070904070326
40690CB00009B/1988

* 9 7 8 1 5 0 8 4 7 6 5 2 8 *